CURSIVE WRITING

PRACTICE FOR 1ST GRADERS

CURSIVE WRITING PRACTICE BOOK

Children's Reading and Writing Books

Lets Learn Together

A a A a
A
A IS FOR...
A B C D E F G H I J K L M N O P Q R S T U V W X Y Z

Aa

A A A A A A A A A A A A A

a a a a a a a a a a

Anteater

Apple

B b

B

A B C D E F G H I J K L M N O P Q R S T U V W X Y Z

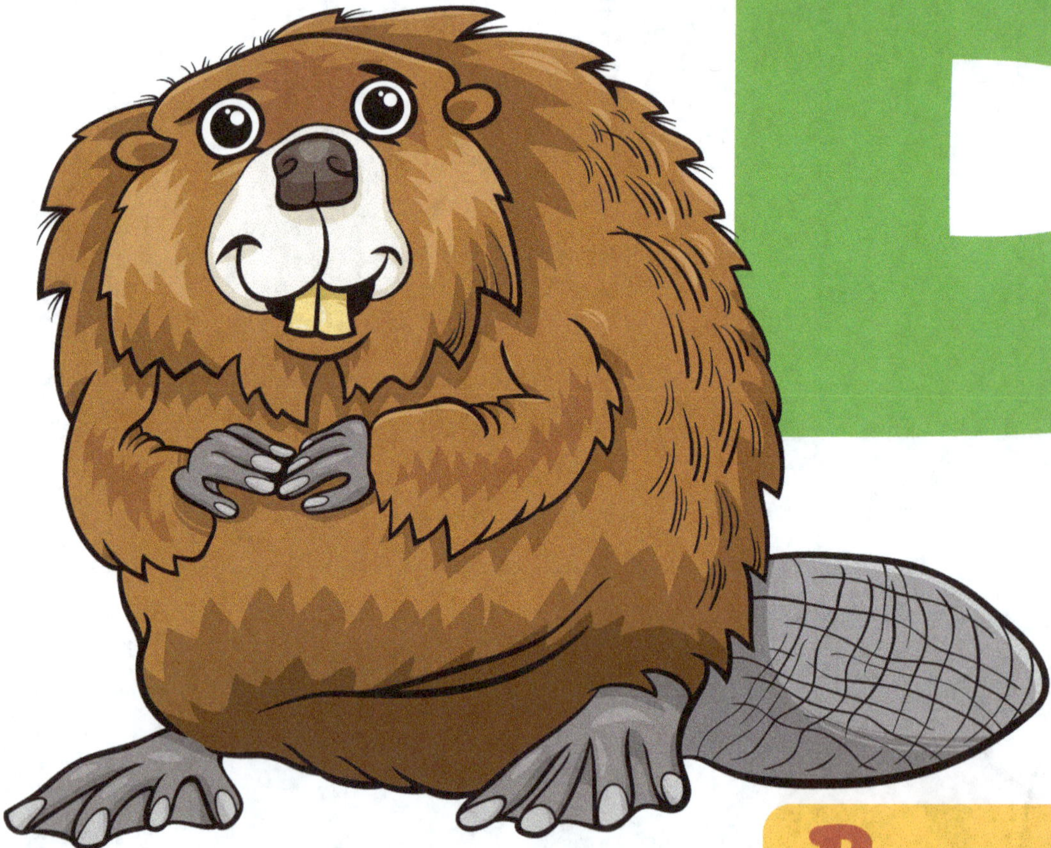

Bb Bb

B B B B B B B B B B

b b b b b b b b b b

Bumblebee

Banana

C c C c
C
C IS FOR...
ABCDEFGHIJKLMNOPQRSTUVWXYZ

C c

C C C C C C C C C

c c c c c c c c c

Crocodile

Cucumber

D d D d
D
D IS FOR...
A B C D E F G H I J K L M N O P Q R S T U V W X Y Z

D d   D d

D D D D D D D D D

d d d d d d d d d

Dolphin

Diamond

E

ABCD**E**FGHIJKLMNOPQRSTUVWXYZ

 Ɛe Ɛe

Ɛ Ɛ Ɛ Ɛ Ɛ Ɛ Ɛ Ɛ

e e e e e e e e

Elephant

Envelope

F
F IS FOR...
ABCDEFGHIJKLMNOPQRSTUVWXYZ

F f F f

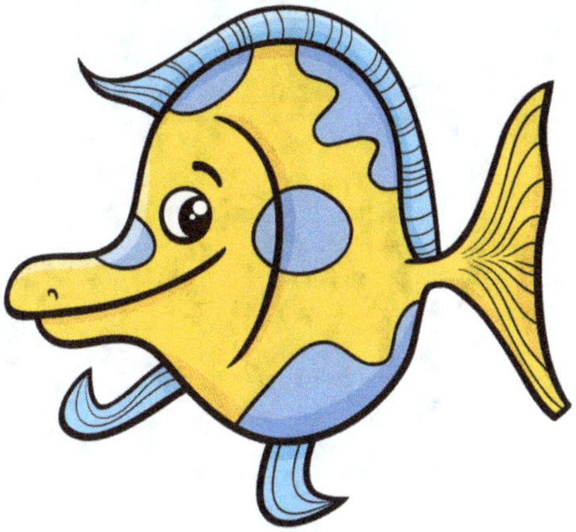

F F F F F F F F F F

f f f f f f f f f f

Funny fish

Fresh fruits

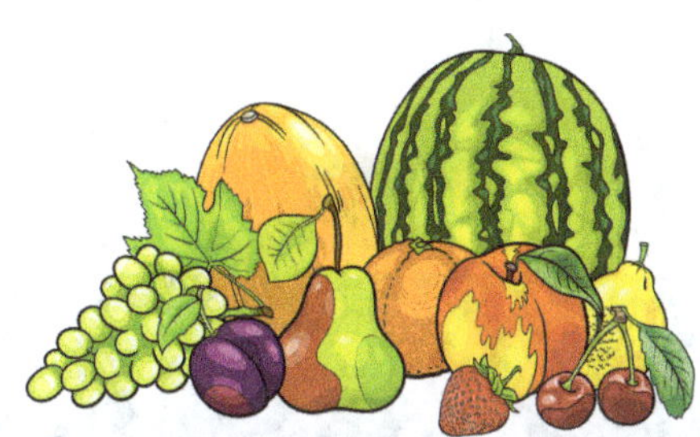

G g G g
G
G IS FOR...
ABCDEFGHIJKLMNOPQRSTUVWXYZ

G g

G g G g

G G G G G G G G

g g g g g g g g

Guinea Pig

Guitar

H h
H h
H
H IS FOR...
ABCDEFGHIJKLMNOPQRSTUVWXYZ

И h И h

И И И И И И И И И И И И И

h h h h h h h h h

Hedgehog

House

Ii Ii

I IS FOR...

ABCDEFGH**I**JKLMNOPQRSTUVWXYZ

J j J i

J J J J J J J J J J

i i i i i i i i i i

Little insects

Iron

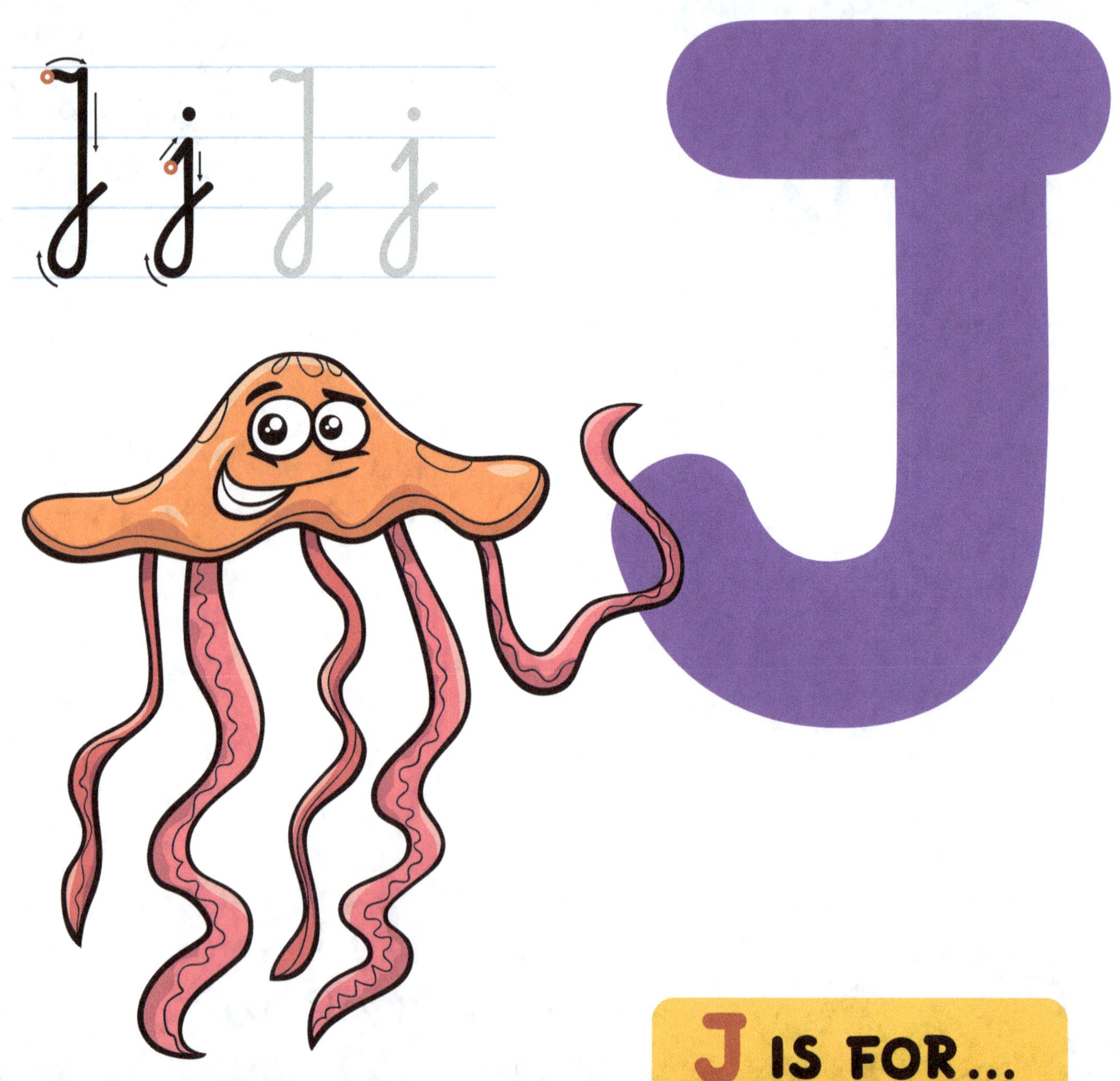
J IS FOR...
A B C D E F G H I J K L M N O P Q R S T U V W X Y Z

J j J j

J J J J J J J

j j j j j j j j

Jellyfish   Jar of jam

K k

ABCDEFGHIJKLMNOPQRSTUVWXYZ

K k K k

K K K K K K K K K K

k k k k k k k k

Kangaroo

Kitchen knife

L l L l
L
L IS FOR...
A B C D E F G H I J K L M N O P Q R S T U V W X Y Z

L l L l

L l L l L l L l L l L l L l

l l l l l l l l l l l l

Lion

Lollipop

M m M m

M

ABCDEFGHIJKLMNOPQRSTUVWXYZ

M m

M M M M M M M

m m m m m

Meercat

Mushroom

N n   N n
N
N IS FOR...
A B C D E F G H I J K L M N O P Q R S T U V W X Y Z

N n

N n N n

N N N N N N N N N N

n n n n n n n n n

9

Nightingale

Nine

O o O o
O IS FOR...
ABCDEFGHIJKLMNOPQRSTUVWXYZ

O o

P p P p
P
P IS FOR...
ABCDEFGHIJKLMNOPQRSTUVWXYZ

P p

P p P p

P P P P P P P P

p p p p p p p p

Penguin

Pineapple

Q q Q q
Q
Q IS FOR...
ABCDEFGHIJKLMNOPQRSTUVWXYZ

Q q Q q

Q Q Q Q Q Q Q Q Q Q Q

q q q q q q q q q q

R r R r

R IS FOR...

ABCDEFGHIJKLMNOPQRSTUVWXYZ

R r R r

R R R R R R R R R R

r r r r r r r r r r

Rooster

Raspberry

S s S s
S
S IS FOR...
A B C D E F G H I J K L M N O P Q R S T U V W X Y Z

S s

S s S s

S S S S S S S S S

s s s s s s s s s

Sheep

Scissor

T t
T t
T
T IS FOR...
ABCDEFGHIJKLMNOPQRSTUVWXYZ

T t

T t   T   T t

J J J J J J J J J J

t t t t t t t t t

Tiger

Tractor

Uu Uu
U IS FOR...
ABCDEFGHIJKLMNOPQRSTUVWXYZ

Uu

U u U u

U U U U U U U U U U mbrella U U U U U U U U

u u u u u u u u u u u u u u u u u u u u

Unicorn

Umbrella

V IS FOR...
ABCDEFGHIJKLMNOPQRSTUVWXYZ

V v V v

Viper

Violin

Ww Ww

W

ABCDEFGHIJKLMNOPQRSTUVWXYZ

W w W w

W W W W W

w w w w w

Weasel

Watermelon

X x X x 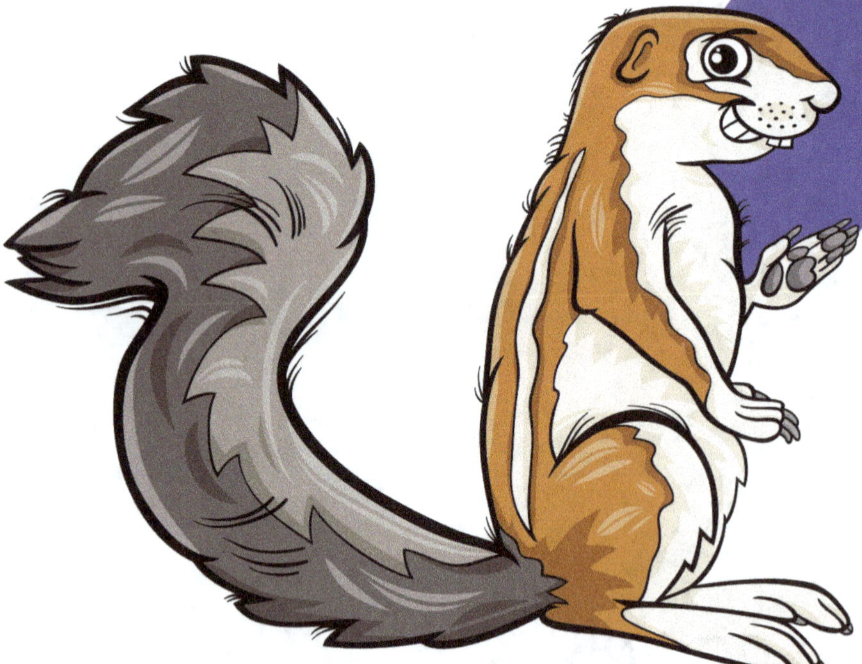
X IS FOR...
A B C D E F G H I J K L M N O P Q R S T U V W X Y Z

X x X x

X X X X X X X X

x x x x x x x x

X X X X X X X X

x x x x x x x x

Weasel

Watermelon

Y y Y y
Y
Y IS FOR...
ABCDEFGHIJKLMNOPQRSTUVWXYZ

Y y Y y

Y Y Y Y Y Y Y Y Y

y y y y y y y y y

Yak

Fruit yoghurt

Z z Z z

ABCDEFGHIJKLMNOPQRSTUVWXYZ

Zz Zz

Z Z Z Z Z Z Z Z

z z z z z z z z

Zebra

Zucchini

Visit
BABY PROFESSOR
EDUCATION KIDS
www.BabyProfessorBooks.com
to download Free Baby Professor eBooks
and view our catalog of new and exciting
Children's Books